Quiero dedicar esta obra a mis hijas, Tanya Michelle y Lidia Sofía, por su amor y por ser mi fuente constante de inspiración. A Mayra, quien me apoyó en los primeros pasos para iniciar este proyecto, y a Sara, quien me dio la confianza y el impulso para continuar y terminarlo.
Pero, principalmente, a mi padre, quien me ha brindado su apoyo incondicional en cada paso que he dado en estos últimos años.

Índice

PRÓLOGO	3
ADVERTENCIA	6
CAPÍTULO 1	8
Todo inicia en la mente	8
Sistema de Activación Reticular (S.A.R.)	13
Autoimagen	21
Creencias generales	27
Creencias limitantes	35
Creencias religiosas	42
Neuroasociaciones	48
CAPÍTULO 2	55
Tus hábitos	55
¿Que son los hábitos?	56
¿Cómo se forman los hábitos?	59
Cambiando hábitos	62
CAPÍTULO 3	71
Tus finanzas	71
¿Dónde estás parado?	74
Crea presupuestos	80
Elimina deudas con estrategia	86
Construye tu fondo de emergencias	90
CAPÍTULO 4	94
Todo depende de ti	94
El poder de tus decisiones	96
No estás solo en este camino	97
Tu futuro está en tus manos	98
EPÍLOGO	100

PRÓLOGO

A lo largo de mi vida, he visto, leído y escuchado sobre fórmulas mágicas para alcanzar la riqueza. Libros, videos y gurús del dinero aseguran que con solo pedir al "Universo" y visualizar nuestros sueños, todo llegará como por arte de magia. Esas promesas suenan atractivas, pero la realidad es otra.

Obviamente, yo mismo caí en la trampa. Creé mi propio "tablero de visión", una pizarra en la que pegué imágenes de todo lo que deseaba: un yate, un automóvil de lujo, una mansión en París y hasta una maleta llena de dinero. Todos los días al despertar y antes de dormir veía mi pizarra y me concentraba en mis deseos, visualizándome viviendo en esa mansión, manejando ese automóvil y llevando a mis amigos y familiares por paseos en el Yate esperando que el "Universo" conspirara a mi favor.

No creo que haga falta decir que nada de eso funcionó, y créeme que no fue por falta de ganas. Le dediqué tanto empeño y amor a mi pizarrón que, después de unos meses, y al darme cuenta de que no se cumplía ni siquiera la más pequeña de mis peticiones, comencé a cuestionar si realmente lo estaba haciendo con la suficiente emoción o con la frecuencia adecuada. En ese momento, incluso llegué a pensar que tal vez el "Universo" tenía algo en contra mía.

En mi búsqueda de riqueza, consumí un par de cursos de los llamados "gurús" que prometen "la fórmula mágica" para volverse rico casi de la noche a la mañana, los cuales te dan ese curso o webinar "gratuito" (nada es gratis en esta vida), el cual era una lavada progresiva de cerebro y en el que te van convenciendo para que compraras su curso con la promesa que aumentaras tus ingresos en un 1,000%. Tampoco tengo que decirte que eso no funcionó, y el único cambio que vi fue la disminución de mi cuenta bancaria al momento de pagar por esos productos.

Si todo esto te suena familiar, créeme que no eres el único. Así como tú y yo, hay miles, y tal vez millones de personas en todo el mundo que caen en esos engaños todos los días, y al final terminan igual o peor que como empezaron.

Te preguntarás: ¿Y por qué nos pasa eso? Bueno, por una simple razón:

ESTAMOS PROGRAMADOS PARA SER PEREZOSOS

Y eso, mi estimado amigo, nos hace susceptibles a caer en esas trampas una y otra vez. Pero aquí está la buena noticia: ¡puedes aprender a romper ese ciclo!

¡Así es!, con el paso del tiempo entendí que la fórmula no estaba completa, que el pensamiento positivo es solo una parte de la ecuación y que los "gurús" solo buscan el bienestar propio aprovechándose de las personas que genuinamente buscan crecer; sin acción, disciplina y esfuerzo, nuestros sueños no tienen ninguna posibilidad de convertirse en realidad y que incluso esos 3 factores son insuficientes si no trabajas primero en el más importante.

ADVERTENCIA

Antes de continuar quiero hacer una advertencia:

Este libro no es un manual de fórmulas mágicas. No te voy a decir como convertirte en millonario sin moverte de tu sillón, ni que el dinero caerá del cielo solo porque lo pides con suficiente fe. Lo que sí te ofrezco es darte algunas de las herramientas, que como a mí, te ayudarán a construir una base financiera sólida.

Esta es una guía para entender como tu mente puedes estar trabajando en tu contra al hablar de dinero, cómo funcionan tus hábitos financieros y como puedes cambiarlos de manera efectiva, lo que te ayudará a tomar las riendas de tu vida económica. Este libro es una puerta, pero el esfuerzo para cruzarla lo tendrás que poner tú.

Si estás dispuesto a comprometerte con este proceso, a hacer pequeños cambios en tu vida diaria y a seguir los hábitos que aquí te propongo, te garantizo que verás resultados. No será fácil, y aunque en algún momento querrás rendirte, puedo asegurarte que, si perseveras, valdrá la pena.

Una vez dicho eso, espero que mi obra te sea de gran utilidad en este camino de cambio que comienzas. Tú y los que te rodean verán cómo poco a poco te conviertes en una mejor versión de ti mismo, y te sentirás mejor al ver cómo tu vida servirá como un ejemplo tangible de que sí se puede mejorar.

¡Comencemos!

CAPÍTULO 1

TODO INICIA EN LA MENTE

"Cuida tus pensamientos, porque se convertirán en tus palabras. Cuida tus palabras, porque se convertirán en tus actos. Cuida tus actos, porque se convertirán en tus hábitos. Cuida tus hábitos, porque se convertirán en tu destino"

Mahatma Gandhi

Todo en tu vida comienza en un lugar: **tu mente**. Es en este espacio invisible donde nacen tus ideas, sueños y decisiones. Muchas veces subestimamos el poder que tienen nuestros pensamientos, pero lo cierto es que cada acción que tomas, cada resultado que obtienes, se origina en una creencia, vivencia o pensamiento que tuviste en algún momento.

¿Alguna vez te has detenido a observar en qué piensas durante el día? Lo más probable es que no. Normalmente, vamos en piloto automático: conduciendo o en el transporte público, imaginando escenarios tanto positivos como negativos y reaccionando a ellos. Esto nos lleva a experimentar emociones como el enojo, la ira o incluso la depresión ante situaciones que no existen y que, probablemente, nunca sucederán. Nos sumergimos y convencemos tanto en esos escenarios que llegamos a tener reacciones en la vida real.

Por ejemplo, si en una relación pasada sufriste una traición por parte de tu ex, es posible que ahora creas que tu nueva pareja también podría ser infiel. Te construyes una novela en tu mente, te dejas llevar por las emociones, y cuando llegas a casa, miras a tu pareja con desconfianza, cuestionándola e incluso pensando en pedirle que te muestre "dónde está escondido el amante". De acuerdo, quizás esté exagerando (o eso espero). Sin embargo, este ejemplo ilustra perfectamente la locura que supone dejarse llevar por nuestros pensamientos. Cuando esto sucede, corres el riesgo de perder lo que tienes en el presente, creando un ciclo interminable en el que repites la misma realidad una y otra vez.

Si bien los pensamientos parecen ser automáticos, y es como si vinieran de alguna parte desconocida sin que seamos capaces de controlarlos, la verdad es que no es así. **Tu mente es como una computadora**, ha sido y esta constantemente siendo programada; esos escenarios o situaciones ficticias que se te presentan en el día a día vienen de alguna parte y nuestro deber, si queremos conseguir diferentes resultados en nuestra vida, es encontrar ese origen.

Para encontrarlo, tenemos que hacernos conscientes de lo que está ocurriendo en nuestra mente, ser como el guardia o centinela de nuestros pensamientos, analizar los más importantes de manera imparcial hasta encontrar su origen y si no tienen un fundamento real, dejarlos ir. De esta manera, aprenderemos a diferenciar entre la realidad y las situaciones imaginarias, y no permitiremos que nuestros pensamientos gobiernen nuestras emociones y acciones de manera automática.

Te podrás preguntar: ¿y qué tiene que ver esto con un libro finanzas?

Bueno, en el contexto financiero, esto se refleja en más áreas de las que te imaginas. Si estás atrapado en un ciclo de deudas, gastos innecesarios o falta de dinero, es probable que no sea solo una cuestión de dinero, sino de mentalidad. Piensa en esto: ¿qué te dices a ti mismo cuando enfrentas una emergencia financiera? ¿Qué pasa por tu cabeza cuando llega la quincena y ves que se va más rápido de lo que entra? ¿Te repites cosas como "nunca podré salir de deudas" o "el dinero no me alcanza"? Si es así, estos pensamientos están creando una realidad limitada que afecta directamente tus decisiones y, por lo tanto, tu vida financiera.

La buena noticia es que puedes cambiar tus pensamientos para tener un diálogo interno mucho más positivo. Pero, como mencioné anteriormente, primero necesitas ser consciente de lo que está ocurriendo en tu cabeza.

Es importante entender que **tu mente es solo una herramienta**. Si la programas correctamente, puede ser tu mejor aliada; de lo contrario, puede convertirse en tu mayor obstáculo. Piensa en tu mente como un terreno fértil: lo que siembres en ella, eventualmente crecerá. Por lo que si plantas pensamientos de escasez, tu vida probablemente reflejará esa misma escasez. Por el contrario, si siembras pensamientos de abundancia y éxito, con el tiempo verás cómo tu realidad comienza a cambiar.

El truco —y aquí es donde muchas filosofías modernas fallan o no lo mencionan— es que **no basta solo con pensar de manera positiva** o recitar frases motivacionales frente al espejo todos los días. Aunque esas son pequeñas acciones que pueden ayudar, el verdadero cambio ocurre cuando tomas consciencia de tus pensamientos y comienzas a reprogramar tu mente para que de ella surjan nuevos pensamientos que te impulsen a enfocarte en lo que realmente quieres lograr.

Retomando la idea de que a lo largo de nuestra vida hemos sido y estamos siendo programados, esto se debe a que, desde pequeños, nuestros padres, maestros, la televisión y la sociedad en general nos han implantado creencias sin que nos demos cuenta. Estas creencias determinan cómo vemos e interactuamos con la vida: el dinero, las relaciones amorosas, las amistades, la familia, etc. En general, moldean cómo te relacionas con el mundo y qué tan lejos crees que puedes llegar en cada uno de estos ámbitos.

Sin embargo, **estas creencias no son permanentes**. Al igual que cualquier software, lo que ha sido programado puede ser reprogramado. Puedes deshacerte de esas limitaciones mentales que, sin saberlo, has cargado durante años y reemplazarlas por nuevas ideas que te impulsen a mejorar tu relación con el dinero y con la abundancia.

Y aquí es donde entra en juego uno de los componentes más poderosos de tu cerebro: el *Sistema de Activación Reticular*, o como lo llamaremos en este libro, el **S.A.R**. Este sistema es el filtro que determina qué información llega a tu mente consciente y qué pasa desapercibida. En pocas palabras, es lo que te ayuda a concentrarte en lo que crees que es importante para ti, ignorando todo lo demás. Haciendo que solo puedas ver la parte de la realidad que va acorde a lo que tienes programado, limitando así, tu campo de acción.

SISTEMA DE ACTIVACIÓN RETICULAR (S.A.R.)

"Aunque la ventana sea la misma, no todos los que se asoman ven las mismas cosas: la vista depende de la mirada"

Alda Merini

El Sistema de Activación Reticular (S.A.R.) es una de las partes más fascinantes y poderosas de nuestro cerebro, y, sin embargo, muy pocos saben de su existencia o del verdadero impacto que tiene en nuestras vidas. Para entender cómo funciona, imagina que tu cerebro es como una estación de control de tráfico aéreo: constantemente está recibiendo miles de señales, pero solo unas pocas son lo suficientemente importantes para que el controlador las note y les preste atención. El **S.A.R.** es, básicamente, ese "controlador aéreo" que decide qué información es relevante y cuál puede pasar desapercibida.

Este filtro cerebral funciona en segundo plano, ayudándote a enfocarte en lo que es importante de acuerdo con tus pensamientos, creencias y experiencias. Pero aquí está lo interesante: lo que considera "importante" no lo decide al azar. El **S.A.R.** es programado por tus creencias, lo que piensas que es valioso, y por aquello en lo que te enfocas continuamente. En otras palabras, tu mente selecciona qué aspectos de la realidad merecen tu atención, basándose en lo que tú has decidido (conscientemente o no) que es relevante.

Por ejemplo, si crees que el mundo está lleno de oportunidades, tu **S.A.R.** comenzará a filtrar toda la información que refuerce esa creencia. Te darás cuenta de nuevas ideas, personas o situaciones que puedan ayudarte a alcanzar tus metas. Por el contrario, si crees que "nada me sale bien" o "nunca hay suficientes oportunidades", el **S.A.R.** se asegurará de que no veas las oportunidades, aunque estén justo frente a ti.

Pongamos un ejemplo más cotidiano: ¿alguna vez has decidido comprarte un coche nuevo y, de repente, parece que todo el mundo tiene ese mismo modelo? O quizás estás esperando un bebé y, de pronto, empiezas a notar más familias con bebés en todas partes. Esto no es una coincidencia, sino tu **S.A.R.** en acción. Ahora que ese coche o el tema de los bebés es relevante para ti, tu cerebro filtra y selecciona toda la información relacionada con ese tema.

Este mismo principio se aplica a tu situación financiera. Si has crecido con la creencia de que el dinero es difícil de ganar, tu **S.A.R.** se encargará de reforzar esa creencia, destacando todas las situaciones que validen esa idea. Verás cómo las facturas se acumulan, cómo tus intentos por ahorrar o invertir parecen no funcionar, y cómo los obstáculos financieros parecen mayores de lo que realmente son. El **S.A.R.** está simplemente haciendo su trabajo: filtrar lo que ya has programado en tu mente como importante.

Por otro lado, si comienzas a programar tu **S.A.R.** con pensamientos de **abundancia y oportunidad**, notarás cómo nuevas posibilidades comienzan a aparecer en tu vida. No es que las oportunidades no estuvieran ahí antes, sino que tu cerebro no las consideraba relevantes, así que las dejaba pasar. El **S.A.R.** es como un faro: ilumina aquellas áreas en las que decides concentrarte y deja en la sombra todo lo demás.

Es crucial que entiendas que este sistema no distingue entre lo que es bueno o malo para ti, simplemente responde a lo que tú has entrenado a tu cerebro para ver. Si constantemente te dices a ti mismo que nunca tendrás suficiente dinero, tu **S.A.R.** tomará esa creencia y te mostrará todo lo que respalde esa idea. Y lo mismo ocurre si, en lugar de eso, decides enfocarte en el éxito, las oportunidades y la prosperidad. Tu **S.A.R.** cambiará su filtro para que comiences a notar todas las formas en que puedes mejorar tu situación financiera.

Esta es una de las razones por las que las personas ricas parecen tener más éxito y encontrar más oportunidades que los demás. **No es solo suerte.** Es que su Sistema de Activación Reticular está programado para ver oportunidades de negocio, de inversión o de crecimiento donde otros solo ven riesgos o problemas. Lo mismo ocurre en el caso opuesto: una persona que siempre ve escasez y dificultades programará su **S.A.R.** para que filtre todas las señales que confirmen esa visión de la realidad.

El gran poder de este sistema radica en que **tú tienes el poder de reprogramarlo**. Al ser consciente de tus creencias, pensamientos y enfoque, puedes entrenarlo para que trabaje a tu favor. Si cambias lo que consideras importante —como enfocar tu mente en la abundancia, las oportunidades o la superación financiera—, tu **S.A.R.** comenzará a notar todas las señales que coincidan con ese enfoque, facilitándote el camino hacia la mejora económica.

Así que, la próxima vez que sientas que las oportunidades no llegan, o que tu situación financiera no mejora, pregúntate lo siguiente:

¿Qué es lo que estoy programando en mi mente?
¿Qué tipo de señales está filtrando mi S.A.R.?

Puede que el problema no sea la falta de oportunidades, sino **el filtro mental que has construido a lo largo de los años**. Una vez que comprendas esto, estarás un paso más cerca de tomar el control de tu destino financiero.

Ejercicio Práctico
Reprogramando tu S.A.R.

Como hemos visto, el Sistema de Activación Reticular actúa como un filtro que te ayuda a concentrarte en lo que consideras importante. Es como un radar, que está constantemente en busca de lo que tú le pides que busque. Si te concentras en pensamientos negativos, problemas financieros o escasez, tu mente buscará más de eso. En cambio, si te enfocas en oportunidades, abundancia y crecimiento, verás más de esas cosas. ¡Así que es hora de reprogramarlo!

1. Identifica tus pensamientos automáticos

Durante un día, cada vez que te encuentres preocupado por dinero o tu situación financiera, toma un momento para anotar lo que estás pensando. No te censures ni juzgues tus pensamientos, solo escríbelos. Al final del día, revisa tu lista y pregúntate:

- ¿Qué temas recurrentes aparecen en mis pensamientos?
- ¿Son pensamientos negativos o positivos?
- ¿Cómo me siento cuando pienso en esto?

Ejemplo:

- *"Nunca tendré suficiente dinero."*
- *"Siempre gasto más de lo que gano."*

2. Observa a dónde te llevan esos pensamientos

Toma los pensamientos más recurrentes y observa cómo influyen en tus acciones y decisiones financieras. Pregúntate:
- ¿Este pensamiento me está ayudando o me está limitando?
- ¿Qué comportamientos están ligados a estos pensamientos?

Ejemplo:

- Pensamiento: "*Nunca tendré suficiente dinero.*"
- Resultado: Evitas invertir porque crees que no vale la pena intentarlo, o, en cuanto recibes dinero extra, te lo gastas en esos "lujitos" que te "mereces".

3. Reprograma tu S.A.R.

Ahora que has identificado tus pensamientos limitantes, es momento de reprogramar tu Sistema de Activación Reticular. Para ello, necesitarás reemplazar cada pensamiento negativo con uno positivo y empoderador. Escribe una afirmación que te ayude a cambiar tu enfoque.

Ejemplo:

- Pensamiento negativo: "*Nunca tendré suficiente dinero.*"

- Pensamiento reprogramado: *"Siempre encuentro maneras de aumentar mis ingresos y de hacer rendir el dinero extra que recibo."*

Haz esto con al menos tres pensamientos negativos que anotaste previamente. Practica leer estas afirmaciones en voz alta cada mañana durante una semana y observa cómo tu atención comienza a enfocarse en las oportunidades en lugar de los problemas.

4. Visualiza tu éxito financiero

Una vez que tengas tus nuevos pensamientos, tómate unos minutos cada día para cerrar los ojos y visualizar cómo sería tu vida si esos pensamientos fueran tu realidad. ¿Qué estarías haciendo? ¿Cómo te sentirías? Deja que esa imagen mental te motive y te impulse a tomar acción.

5. Actúa en consecuencia

El último paso es tomar acción. Pregúntate: ¿Qué pasos concretos puedo tomar hoy para acercarme a esa visión? Puede ser algo pequeño, como leer sobre inversiones, empezar a ahorrar un porcentaje de tus ingresos, o incluso investigar opciones para mejorar tus finanzas.

Recuerda:

Al identificar y reprogramar tus pensamientos, estás enseñando a tu Sistema de Activación Reticular a trabajar a tu favor, filtrando lo que no te sirve y enfocándose en las oportunidades que te llevarán al éxito financiero.

AUTOIMAGEN

"Lo que creemos de nosotros mismos y de la vida llega a ser nuestra verdad"

Louise L. Hay

Tu autoimagen es la representación mental que tienes de ti mismo. No solo abarca lo que ves en el espejo, sino también cómo te percibes en aspectos más profundos como tus capacidades, tu inteligencia, tu valor y, por supuesto, tu relación con el dinero. A menudo, pensamos que nuestra autoimagen es algo fijo, algo que simplemente "es" y no puede cambiarse. Pero la verdad es que, al igual que nuestro Sistema de Activación Reticular, nuestra autoimagen puede transformarse.

Desde niños, hemos recibido mensajes, tanto explícitos como sutiles, de quienes nos rodean: padres, maestros, amigos e incluso la sociedad en general. Algunos de esos mensajes nos han ayudado a construir una autoimagen positiva y saludable; pero otros, sin que nos demos cuenta, han creado una versión distorsionada de quién creemos que somos. Si alguna vez escuchaste frases como *"No eres bueno con los números"*, *"Eres muy gastador*" o "*Nunca aprenderás a ahorrar*", es probable que esas ideas se hayan incrustado en tu mente, influyendo en cómo te ves a ti mismo en el ámbito financiero.

Lo más peligroso de una autoimagen negativa es que opera como un filtro que distorsiona la realidad. Si te percibes como alguien que no puede manejar bien el dinero, cada vez que enfrentes una situación financiera complicada, automáticamente asumirás que fracasarás o tomarás malas decisiones. Lo peor es que esta percepción no se basa en una realidad objetiva, sino en la imagen que tienes de ti mismo, una imagen formada por experiencias pasadas o comentarios de otras personas.

Por ejemplo, si crees que nunca podrás salir de deudas, es probable que no solo evites intentar nuevas estrategias para pagarlas, sino que también te sientas incapaz de mejorar tu situación, gastando ese dinero adicional que recibes y que podría ayudarte a reducir tus deudas más rápido. Tu autoimagen te dice que no eres bueno con el dinero, y así, cada vez que enfrentas una oportunidad de mejorar, tu mente la rechaza. ¿Por qué? Porque actuar en contra de tu autoimagen requiere un gran esfuerzo mental, y a veces, es más fácil simplemente quedarse en la zona de confort.

La buena noticia es que tu autoimagen no es estática. Puedes trabajar en ella, moldearla y mejorarla de la misma manera que cambias o mejoras tu Sistema de Activación Reticular. Aquí es donde entra en juego el poder de la visualización y el autoanálisis. Si quieres mejorar tu relación con el dinero, primero debes verte a ti mismo como alguien que merece prosperar y que tiene la capacidad de hacerlo.

Es fundamental entender que tu autoimagen influye directamente en tus acciones. Si te percibes como una persona capaz de generar riqueza, estarás más abierto a aprender nuevas habilidades, tomar riesgos calculados y aprovechar oportunidades. Por el contrario, si te ves a ti mismo como alguien que siempre tiene problemas con el dinero, cada decisión financiera que tomes estará teñida de duda y miedo.

Imagina, por un momento, que puedes verte a ti mismo de una forma completamente diferente: alguien que toma decisiones inteligentes, que invierte con confianza, que sabe gestionar sus finanzas de manera eficiente. Al principio, es posible que sientas que estás "mintiendo" o que esta imagen no corresponde a tu realidad actual. Pero considera esto: **si no te ves de esa manera, nadie más lo hará por ti**. Y, lo más importante, si no cambias la forma en que te percibes a ti mismo, tu realidad financiera nunca cambiará.

Tu autoimagen también está ligada a la forma en que enfrentas los retos. Si te percibes como una persona capaz, verás los obstáculos como oportunidades para aprender y crecer. En cambio, si te ves como alguien destinado a fracasar, cualquier contratiempo parecerá un golpe devastador. Es por esto que la manera en que te ves a ti mismo afecta profundamente la manera en que gestionas tus finanzas.

La clave aquí es que Este ejercicio está diseñado para que tomes conciencia de cómo te ves a ti mismo en el ámbito financiero y para que puedas comenzar a cambiar esa imagen si no te está ayudando a alcanzar tus metas.

Escribe tu autoimagen actual

Toma un cuaderno y, en una hoja en blanco, escribe la palabra "Autoimagen" en el encabezado. Ahora, describe cómo te ves a ti mismo en relación con el dinero y las finanzas. Sé lo más sincero posible. Aquí no se trata de impresionar a nadie, sino de ser honesto contigo mismo.

Pregúntate:

- ¿Me considero una persona capaz de manejar bien su dinero?
- ¿Creo que puedo mejorar mis finanzas?
- ¿Me veo como alguien que puede generar riqueza o siempre estaré atrapado en deudas?

Identifica las influencias

Una vez que hayas escrito tu autoimagen actual, reflexiona sobre de dónde proviene. ¿Es el resultado de experiencias pasadas, como un mal negocio o decisiones financieras que tomaste y no salieron bien? ¿O viene de comentarios que recibiste de otras personas, como "Nunca fuiste bueno con los números" o "Siempre has sido gastador"? Entender de dónde viene esa imagen te ayudará a darte cuenta de que no es necesariamente una verdad inamovible, sino una percepción basada en el pasado.

Redefine tu autoimagen

Ahora viene la parte más poderosa. Toma lo que has escrito y redefínelo. Escribe una nueva versión de ti mismo en relación con el dinero. Esta versión debe estar alineada con los objetivos que quieres alcanzar. Si antes escribiste *"Siempre estoy en deudas"*, cámbialo por *"Siempre tomo decisiones que me mantienen alejado de las deudas y mejoran mi situación financiera"*. Si te ves como alguien que no sabe invertir, escribe: *"Siempre estoy aprendiendo nuevas habilidades que me ayudan a invertir y hacer que mi dinero crezca"*. Sé lo más positivo y aspiracional posible.

Visualiza tu nueva autoimagen

Cierra los ojos e imagina que ya eres esa persona que has descrito en tu nueva autoimagen. Visualízate tomando decisiones financieras inteligentes, invirtiendo, ahorrando y logrando tus metas financieras. La visualización es una herramienta muy poderosa porque te permite sentir y vivir mentalmente esa versión mejorada de ti mismo, lo que, con el tiempo, te llevará a actuar de acuerdo con esa imagen.

Repite esta práctica diariamente

La clave para cambiar tu autoimagen es la repetición. Dedica unos minutos cada mañana a leer en voz alta tu nueva autoimagen. Reafirma esas ideas con convicción, y cada vez que enfrentes una situación financiera, recuerda esa nueva versión de ti mismo. Poco a poco, tu mente comenzará a aceptar esta imagen y tus acciones se alinearán con ella.

Recuerda:
Lo que crees de ti mismo determina cómo actúas. Si te ves como alguien capaz de gestionar sus finanzas y alcanzar el éxito, tus acciones comenzarán a reflejarlo. **El cambio empieza dentro de ti.**

CREENCIAS GENERALES

"Tanto si crees que puedes, como si crees que no puedes, en ambos casos tienes razón"

Henry Ford

En tercer lugar, tenemos tus creencias; estas son la columna vertebral de tu realidad. Todo lo que piensas y haces está filtrado por lo que crees que es posible o imposible, fácil o difícil, alcanzable o inalcanzable. El detalle aquí, amigo, es que la mayoría de estas creencias no fueron elegidas de manera consciente; simplemente las absorbiste a lo largo de los años, como una esponja que toma agua sin preguntarse si es limpia o sucia.

Desde que eras niño, comenzaste a adoptar las creencias de las personas que te rodeaban: tus padres, maestros, amigos y, por supuesto, la sociedad en general. ¿Cuántas veces escuchaste frases como *"El dinero no crece en los árboles"* o *"Para ser rico, tienes que trabajar hasta el cansancio"*? En mi canal de YouTube, tengo uno o varios videos que hablan más a fondo acerca de este tema; si te interesa, te invito a darte una vuelta por mis canales y suscribirte (te dejo los enlaces al final de esta sección).

Bueno, terminado el anuncio, continuemos. Estas ideas, que quizás parecían simples comentarios, fueron moldeando tu percepción del mundo financiero y, sin darte cuenta, programaron tu mente para operar bajo esas mismas reglas.

Ahora bien, hay que entender algo: **una creencia no es más que un pensamiento repetido muchas veces**. Eso significa que **no es una verdad absoluta**, sino una idea que has aceptado como cierta porque la has escuchado o pensado innumerables veces. Y aquí viene lo interesante: si una creencia fue formada por repetición, también puede ser modificada o incluso eliminada de la misma manera.

Tomemos como ejemplo la creencia de que "*el dinero no crece en los árboles*". Esta idea puede haberte acompañado durante años, quizás porque la escuchaste repetidamente en tu entorno. Tal vez, en tu infancia, cuando pedías algo relativamente caro para Navidad o tu cumpleaños, tus padres te lo decían como una especie de regaño, intentando que comprendieras la importancia de no malgastar. Con el tiempo, tu cerebro empezó a aceptar esa frase como un hecho absoluto. Cada vez que surgía la posibilidad de comprar algo para ti, lo descartabas casi de inmediato, sin siquiera evaluar si realmente podías permitírtelo. Tu mente ya estaba programada para creer que el dinero era algo difícil de conseguir y que ciertos lujos o comodidades no estaban a tu alcance.

Pero, ¿qué pasaría si comenzaras a desafiar esa creencia? ¿Qué pasaría si, en lugar de repetir automáticamente *"el dinero no crece en los árboles"*, te preguntaras: *"¿De verdad es cierto que no puedo permitírmelo? ¿Hay otras formas de generar ingresos que aún no he explorado?"* Al cuestionar esa creencia, empiezas a abrir la puerta a nuevas posibilidades. Tu **Sistema de Activación Reticular** comenzará a buscar evidencias que apoyen tu nueva idea: **que el dinero no es tan escaso como creías y que hay muchas formas de obtenerlo.** Créeme, te lo digo por experiencia ;)

Imagina que comienzas a pensar: *"El dinero está disponible para quienes saben cómo generarlo"* o *"Siempre encuentro maneras creativas de mejorar mi situación financiera"*. Con suficiente repetición, esta nueva creencia comenzará a reemplazar la anterior. Notarás que tu comportamiento cambiará poco a poco: en lugar de rechazar automáticamente oportunidades, estarás más dispuesto a considerar nuevas fuentes de ingreso, como aprender una nueva habilidad, invertir o incluso iniciar un pequeño negocio.

El cambio comienza con la disposición de desafiar lo que siempre has creído. Si una creencia limitante fue creada a través de la repetición, también puede ser desmantelada de la misma forma. Todo lo que necesitas es sustituirla por una nueva creencia más alineada con tus objetivos y ser constante en reforzarla.

Entonces, la próxima vez que pienses "*el dinero no crece en los árboles*", detente un momento y pregúntate: "*¿Realmente es así? ¿Qué pasaría si hubiera una manera diferente de verlo?*". Así, poco a poco, estarás reprogramando tu mente para buscar abundancia en lugar de escasez.

Es importante que te des cuenta de que tus creencias afectan todos los aspectos de tu vida financiera, incluso cuando no eres consciente de ellas. Tal vez pienses que no eres "bueno" con el dinero o que el éxito financiero está reservado solo para unos pocos afortunados. Quizás, como mencionamos anteriormente, creas que el dinero es "difícil de conseguir" o que, para ser próspero, tienes que sacrificar tu calidad de vida. Y lo que es más peligroso: cuanto más refuerces estas ideas con tus pensamientos y palabras, más se solidifican en tu mente, convirtiéndose en verdades inquebrantables.

Pero, al igual que en las secciones anteriores, **puedes cambiar tus creencias**, y eso es lo que realmente te permitirá transformar tu vida financiera. Primero, debes identificar cuáles son esas creencias que te están frenando. Pregúntate: ¿qué pienso sobre el dinero? ¿Qué frases me vienen a la cabeza cuando se trata de ahorrar, invertir o ganar más? Es crucial que seas honesto contigo mismo, porque lo que descubras te dará pistas sobre lo que está limitando tu progreso.

Segundo, necesitas cuestionar esas creencias. Recuerda que solo son ideas, no hechos. Por ejemplo, si piensas que "*el dinero es malo*" o que "*los ricos son egoístas*", pregúntate: ¿realmente es así? ¿Conozco personas con dinero que no se ajustan a esta descripción? A medida que empieces a cuestionar tus creencias, verás que **muchas de ellas no tienen un fundamento sólido** y, al debilitarlas, abrirás espacio para nuevas creencias que te impulsen hacia donde realmente quieres estar.

Por último, debes **reemplazar esas creencias por otras que sean potenciadoras**. Si antes pensabas "*nunca podré salir de deudas*", comienza a decirte "*cada día me acerco más a la libertad financiera*". Al principio, puede que no te lo creas del todo, pero la repetición hará su trabajo y, poco a poco, tu mente empezará a aceptar estas nuevas ideas como parte de tu realidad.

Así que recuerda: **lo que crees se convierte en tu verdad**. Si cambias lo que crees sobre el dinero, cambiarás tu relación con él. No será un proceso instantáneo, pero si te comprometes a identificar, cuestionar y reemplazar tus creencias, verás cómo tu vida financiera empieza a tomar un nuevo rumbo.

Ejercicio Práctico
Desafiando tus creencias

Vamos a poner en práctica lo que acabamos de hablar. Este ejercicio te ayudará a identificar las creencias que tienes sobre el dinero y te dará el primer paso para comenzar a transformarlas.

1. Haz una lista de creencias

Toma una hoja de papel o abre una nueva nota en tu celular y escribe una lista de todas las frases que te vienen a la mente cuando piensas en el dinero, las finanzas, el ahorro o la inversión. No te censures; anota lo primero que pase por tu cabeza.

Algunas frases comunes pueden ser:

- "El dinero es difícil de ganar."
- "Solo los ricos pueden invertir."
- "El dinero no es importante."
- "El dinero trae problemas."
- "Siempre estoy en deudas."

2. Identifica la fuente

Junto a cada creencia que has anotado, pregúntate: ¿De dónde viene esta creencia? ¿Es algo que escuchabas de tus padres cuando eras niño? ¿Lo aprendiste en la escuela? ¿Lo viste en tu entorno o lo viviste en alguna experiencia? Trata de identificar de dónde proviene cada creencia. Esto te ayudará a entender que muchas veces nuestras ideas sobre el dinero no son nuestras, sino que las absorbimos de otros.

3. Cuestiona su validez

Para cada creencia, hazte esta pregunta: ¿Es realmente cierta? Busca ejemplos que contradigan esa creencia. Si, por ejemplo, escribiste "*invertir es solo para ricos*", busca evidencia de personas comunes que empezaron a invertir con pequeñas cantidades. Si tu creencia es que "*el dinero trae problemas*", pregúntate si realmente todos los que tienen dinero viven en conflicto, o si es posible que haya personas con abundancia económica que llevan una vida feliz y equilibrada.

4. Reformula la creencia

Ahora, es momento de dar vuelta la página. Toma cada creencia y reformúlala en una creencia positiva y potenciadora. Por ejemplo:
- "*El dinero es difícil de ganar*" puede transformarse en "*Siempre estoy aprendiendo a ganar dinero de manera inteligente.*"
- "*Siempre estoy en deudas*" podría convertirse en "*Continuamente aplico lo que aprendo sobre manejar mi dinero y eso me da una vida financiera saludable.*"

- *"El dinero no es importante"* puede cambiarse por *"El dinero es una herramienta que puede mejorar mi calidad de vida y la de los que me rodean."*

5. Repítelo diariamente

Toma esas nuevas creencias y léelas en voz alta cada mañana al despertar y por la noche antes de dormir. El objetivo es empezar a reprogramar tu mente poco a poco. Al principio puede que no lo sientas natural, pero la repetición, junto con la acción, hará que esas nuevas ideas se vayan consolidando en tu mente y se conviertan en una parte de tu realidad.

Recuerda: este ejercicio no es solo para hacer una vez y olvidarlo. La clave está en la constancia. Cuanto más practiques desafiar esas creencias que te limitan y reemplazarlas por otras más poderosas, más rápido comenzarás a ver cambios en tu vida financiera.

Te invito a suscribirte a mis canales de YouTube:

Resumiendo el Éxito (https://www.youtube.com/@ResumiendoElExito)

Resumiendo el Éxito 2.0 (https://www.youtube.com/@ResumiendoElExito2.0)

CREENCIAS LIMITANTES

"Los pájaros nacidos en jaula creen que volar es una enfermedad"

Alejandro Jodorowsky

Ya hemos hablado sobre las creencias y cómo estas moldean tu realidad. Pero hay un tipo específico de creencias que tiene un poder especial para frenarte: las creencias limitantes. Estas creencias son, en esencia, aquellas que te dicen "*no puedo*", "*es imposible*", "*no es para mí*". Son pensamientos tan arraigados en tu mente que ni siquiera los cuestionas. Simplemente actúas como si fueran verdades absolutas, sin darte cuenta de que, en realidad, están limitando tu potencial.

Vamos a conectar esto con lo que ya hemos discutido. En la sección anterior hablábamos sobre cómo las creencias, en general, influyen en tu vida y cómo puedes cambiarlas para mejorar tu situación financiera. Pues bien, dentro de estas, están las creencias limitantes, que son el tipo de creencias que más daño te hacen, porque no solo te frenan, sino que lo hacen de una manera tan sutil que ni siquiera te das cuenta. Son esas ideas que susurran en el fondo de tu mente y te convencen de que ciertas cosas están fuera de tu alcance.

¿Te suena familiar alguna de estas frases?

"No soy bueno para manejar dinero."
"Para ganar dinero hay que trabajar muy duro, casi sin descanso."
"No tengo lo necesario para invertir."
"Solo los ricos pueden volverse más ricos."
"Nunca podré salir de deudas."

Esas son creencias limitantes en acción. Y lo peor de todo es que, cuanto más las repites, más poder les das para convertirse en tu realidad. Es como si tu cerebro se programara para confirmar lo que esas creencias dicen (¿recuerdas el **S.A.R.**?). Si crees que "*el dinero es difícil de ganar*", cada vez que te enfrentes a una oportunidad de mejorar tu situación financiera, tu mente automáticamente buscará razones para justificar esa creencia y terminarás saboteando tus propios esfuerzos.

Pero así como las creencias limitantes se formaron por experiencias pasadas o por lo que aprendiste de otros, también puedes deshacerte de ellas y reemplazarlas con creencias que te impulsen. ¿Recuerdas cómo en la sección de creencias hablamos de que una creencia es solo un pensamiento repetido muchas veces? Las creencias limitantes no son la excepción. Se formaron porque las has repetido una y otra vez o porque creciste escuchándolas de quienes te rodeaban. Y si fueron formadas por repetición, pueden ser desafiadas y reemplazadas de la misma manera.

El primer paso para superar estas barreras mentales es identificarlas. Como hemos visto antes, no puedes cambiar algo si no eres consciente de que está ahí. Así que quiero que tomes un momento para reflexionar sobre las frases que te dices a ti mismo cuando piensas en tu situación financiera. ¿Qué piensas cuando recibes una nueva oportunidad? ¿Cómo reaccionas ante la idea de ahorrar o invertir? ¿Te dices cosas como *"no puedo"* o *"no es para mí"*? Si es así, esas son tus creencias limitantes, y son la razón por la cual te sientes estancado en tu vida financiera.

Una vez que hayas identificado tus creencias limitantes, el siguiente paso es cuestionarlas. Pregúntate: ¿realmente es cierto? ¿Es verdad que solo los ricos pueden invertir? ¿Es cierto que ganar dinero requiere sacrificios extremos? O quizás, ¿es posible que existan otras maneras de generar ingresos, maneras que no habías considerado porque tu creencia limitante te impedía verlas?

Voy a darte un ejemplo. Si crees que *"para ganar dinero hay que trabajar muy duro"*, puede que estés atrapado en una mentalidad que valora más el sacrificio que la eficiencia. Pero, ¿qué pasaría si comenzaras a cuestionar esa creencia? ¿Qué pasaría si, en lugar de asociar el dinero con sacrificio, lo asocias con inteligencia, estrategia y creación de valor? Este simple cambio de mentalidad puede abrirte las puertas a nuevas formas de generar ingresos, formas que quizás requieren esfuerzo, pero también creatividad y pensamiento estratégico.

Desafiar una creencia limitante no es fácil, porque tu mente siempre tratará de buscar evidencias que la confirmen (investiga sobre el sesgo de confirmación). Pero aquí es donde radica tu poder: **en ser consciente de que una creencia no es más que un filtro mental que distorsiona tu realidad.** Y si puedes identificar ese filtro, puedes comenzar a limpiarlo para ver el mundo con más claridad y posibilidades.

Y ahora, hablemos de cómo puedes empezar a cambiar estas creencias limitantes. No basta con solo identificarlas y cuestionarlas. Tienes que reemplazarlas por creencias más poderosas, que te impulsen a actuar y a ver el dinero y las finanzas de una manera completamente nueva.

Ejercicio práctico
Rompiendo tus creencias limitantes

Este ejercicio te ayudará a identificar tus creencias limitantes y a reemplazarlas con creencias que te impulsen hacia tus metas, ya sean financieras, personales o profesionales.

1. Haz una lista de tus creencias limitantes

Toma un cuaderno y escribe una lista de todas las frases que te vienen a la mente cuando piensas en diferentes aspectos de tu vida, como dinero, relaciones, carrera o metas personales.

Estas frases pueden incluir pensamientos como:

- "El dinero siempre me trae problemas."
- "Nunca puedo ahorrar lo suficiente."
- "No soy bueno para hablar en público."
- "Nunca encontraré una pareja que me entienda."
- "No tengo tiempo para cuidarme físicamente."

Sé honesto contigo mismo y escribe lo primero que se te ocurra, incluso si te parecen ideas irracionales o negativas.

2. Cuestiona cada creencia

Una vez que tengas tu lista, toma cada creencia y pregúntate: ¿Es realmente cierta? ¿Es un hecho comprobable o solo es una idea que has repetido durante mucho tiempo? Si es una idea que aprendiste de alguien más, pregúntate si esa persona tenía el conocimiento adecuado para definir lo que es posible para ti.

Por ejemplo, si tu creencia es: "*No soy creativo*", pregúntate: ¿Alguien me lo dijo o me juzgué así por compararme con otros? ¿Hay momentos donde he mostrado creatividad de formas que no reconocí?

3. Reemplaza tus creencias limitantes por creencias potenciadoras

Ahora, toma cada una de tus creencias limitantes y reformúlala en una afirmación positiva.

Por ejemplo:

- "*El dinero siempre me trae problemas*" puede convertirse en "*El dinero es una herramienta que me permite mejorar mi calidad de vida*"
- "*No soy bueno para hablar en público*" puede convertirse en "*Me siento cómodo hablando en público y mejoro con cada oportunidad*"
- "*No tengo tiempo para cuidarme físicamente*" puede cambiarse por "*Encuentro tiempo para priorizar mi bienestar todos los días.*"

4. Refuerza tus nuevas creencias

Cada mañana, antes de comenzar tu día, y al terminarlo, lee en voz alta estas nuevas creencias. Visualízate viviendo de acuerdo con ellas. Como siempre, al principio puede que no te sientas totalmente convencido, pero cuanto más repitas estas afirmaciones y actúes de acuerdo a ellas, más reales se volverán en tu vida.

5. Toma pequeñas acciones

Para consolidar tus nuevas creencias, comienza a tomar pequeñas acciones que las refuercen. Si tu nueva creencia es "*Siempre encuentro formas de ahorrar dinero*", abre una cuenta de ahorros y empieza a guardar aunque sea una pequeña parte de tus ingresos. Si tu creencia es "*Busco maneras de mejorar mis habilidades sociales*", desafíate a iniciar una conversación nueva cada semana. El objetivo es que cada acción refuerce la nueva creencia y desmonte poco a poco la vieja.

Recuerda: Romper una creencia limitante es como liberar una carga de tu mente. Cuando lo haces, abres espacio para nuevas posibilidades y comienzas a ver tu vida con una nueva perspectiva. Esto no solo aplica a tus finanzas, sino a todas las áreas de tu vida que deseas mejorar.

CREENCIAS RELIGIOSAS

"Cuestionar las creencias religiosas no es una falta de respeto. La falta de respeto es imponer esas creencias como únicas, verdaderas e incuestionables"

Las creencias religiosas son algunas de las más profundas y arraigadas que podemos tener. A menudo, las absorbemos desde la infancia y se convierten en parte fundamental de nuestra identidad. No obstante, algunas de estas creencias, cuando son malinterpretadas o tomadas de forma literal, pueden generar barreras mentales que limitan nuestro crecimiento en muchas áreas, incluida nuestra relación con el dinero.

Primero, quiero dejar algo claro: no estoy diciendo que la religión o la espiritualidad sean malas. Para muchas personas, estas creencias son una fuente de paz, propósito y dirección en la vida. Sin embargo, es importante reconocer cuándo ciertas interpretaciones religiosas pueden estar interfiriendo negativamente con nuestra mentalidad financiera.

Un ejemplo común es la idea de que "*ser humilde es igual a ser pobre*". A menudo escuchamos que las personas humildes son buenas, nobles y cercanas a Dios, y si esta idea se asocia directamente con la pobreza, podríamos llegar a creer, inconscientemente, que tener dinero o buscar prosperar económicamente es algo contrario a los valores espirituales. Esta creencia puede llevarnos a rechazar, de manera automática, cualquier forma de abundancia o éxito financiero porque sentimos que va en contra de lo que se nos ha enseñado.

Otra creencia errónea que algunas personas pueden tener es la idea de que "*el dinero es la raíz de todos los males*". Este es un malentendido de un pasaje bíblico que en realidad dice: "*El amor al dinero es la raíz de todos los males*". La diferencia es significativa. **El problema no es el dinero en sí, sino la obsesión desmedida por él**, el apego excesivo y la búsqueda sin límites que sacrifica otros aspectos importantes de la vida, como las relaciones, la salud y el bienestar.

Este tipo de creencias puede condicionar nuestra relación con el dinero. Si crecimos pensando que el dinero está asociado con algo "negativo" o "malo", o que buscar prosperar económicamente es sinónimo de codicia, puede que saboteemos nuestras propias oportunidades para mejorar financieramente. Inconscientemente, podemos sentirnos culpables por querer más o evitar tomar decisiones que nos permitan alcanzar una mayor estabilidad económica.

Pero, ¿estas creencias son realmente ciertas o simplemente son malinterpretaciones que hemos arrastrado durante

años? Reflexionar sobre esto es crucial para cambiar nuestra mentalidad financiera. La espiritualidad y la prosperidad económica no tienen por qué estar en conflicto. De hecho, muchos principios espirituales, como la generosidad, el trabajo honesto y el compartir con los demás, pueden coexistir perfectamente con una vida de abundancia.

Si sientes que alguna creencia religiosa está interfiriendo con tu capacidad de avanzar financieramente, es momento de analizar si se trata de una interpretación válida o si, en realidad, esa creencia está limitando tu potencial.

Es importante señalar que esto **no se trata de abandonar tu fe o tus creencias**, sino de entender si la forma en que has interpretado ciertos mensajes está ayudando o bloqueando tu crecimiento. Porque, al final del día, puedes tener una vida espiritual plena sin renunciar a la posibilidad de tener una buena salud financiera.

Ejercicio práctico
Evaluando tus creencias religiosas sobre el dinero

Este ejercicio te ayudará a analizar si ciertas creencias religiosas podrían estar influyendo en tu relación con el dinero y cómo podrías reinterpretarlas para lograr un equilibrio entre tus valores espirituales y tus metas financieras.

1. Haz una lista de tus creencias religiosas sobre diferentes aspectos de la vida

En un cuaderno, escribe lo que piensas no solo sobre el dinero, sino también sobre otros temas como el trabajo, el éxito personal, el sacrificio y la familia desde el punto de vista religioso.

Algunas preguntas que podrían guiarte son:

- ¿Qué te enseñaron sobre el esfuerzo y la recompensa?
- ¿Hay valores o enseñanzas espirituales que influyen en cómo tomas decisiones en tu vida diaria?
- ¿Qué pasajes o mensajes religiosos te vienen a la mente cuando piensas en tu carrera o tus relaciones?

2. Cuestiona cada creencia

Reflexiona sobre cada una y pregúntate si la has interpretado de manera literal o si se ha ido deformando con el tiempo. Considera ejemplos tanto dentro como fuera del contexto financiero, como:

- ¿El trabajo duro siempre debe ser agotador para ser valioso?
- ¿Buscar mejorar mi calidad de vida está en conflicto con mis valores?
- ¿Ayudar a otros significa siempre sacrificarse a uno mismo?

3. Reformula las creencias limitantes en nuevos marcos más equilibrados

Toma cada una de tus creencias y piensa cómo puedes reinterpretarla. Aquí tienes ejemplos aplicables a diversos aspectos de la vida, no solo al dinero:

- Si creías que "el sacrificio personal es la única forma de ser virtuoso", podrías cambiarlo a: "Puedo ayudar y apoyar a otros mientras me cuido a mí mismo".
- Si creías que "los éxitos materiales me hacen menos espiritual", podrías reformularlo como: "El éxito y los recursos materiales pueden ser herramientas para impactar positivamente en los demás".

4. Alinea tus nuevas creencias con un propósito general

Reflexiona sobre cómo puedes usar tus habilidades, tiempo y recursos de manera que resuene con tus valores. Esto podría incluir ayudar a tu comunidad, encontrar satisfacción en el trabajo que realizas o fortalecer tus relaciones.

5. Repite y refuerza tu nueva perspectiva

Practica recordando tus nuevas creencias cada vez que te enfrentes a situaciones de conflicto. Ya sea en temas de dinero, familia o decisiones de vida, refuerza tus nuevas perspectivas actuando en consecuencia.

Ahora que hemos explorado cómo la autoimagen, las creencias limitantes y las religiosas pueden influir en tu relación con el dinero, es importante entender **cómo** estas —y otras— afectan tu cerebro a un nivel más profundo. Todo lo que crees, especialmente las ideas que has aceptado sin cuestionar durante años, han generado lo que se conoce como **neuroasociaciones**.

NEUROASOCIACIONES

"Cuando tomas algo desafiante y lo conviertes en una experiencia agradable, aumenta enormemente las posibilidades de volver a hacerlo en un futuro"

Leanne Ellington

Las **neuroasociaciones** son conexiones mentales que tu cerebro ha creado a lo largo de los años. Estas asociaciones se forman a partir de tus experiencias, emociones y creencias, y desempeñan un papel crucial en cómo reaccionas ante diversas situaciones. Cada vez que piensas en algo, tu cerebro activa automáticamente una respuesta emocional vinculada a experiencias pasadas que tu mente asocia con ese estímulo.

Por ejemplo, si alguna vez tuviste una mala experiencia al intentar invertir en un negocio que fracasó, es probable que tu cerebro haya creado una neuroasociación que vincula la inversión con el miedo al fracaso o la ansiedad. A partir de ese momento, cada vez que pienses en abrir un negocio, tu mente te llevará automáticamente de vuelta a esa experiencia negativa, activando el mismo miedo o incomodidad, lo que puede hacer que lo evites por completo, incluso si la situación actual es diferente.

Estas asociaciones mentales, ya sean positivas o negativas, pueden controlar gran parte de tu comportamiento. Si tienes neuroasociaciones negativas en torno al dinero, como el miedo a perderlo o la creencia de que nunca tendrás suficiente, esas conexiones mentales influirán en tus decisiones financieras, llevándote a evitar situaciones que podrían ser beneficiosas o a sabotear tus esfuerzos para mejorar tu situación económica.

Por otro lado, **si tienes neuroasociaciones positivas con ciertos comportamientos, tu cerebro te llevará automáticamente hacia ellos.** Por ejemplo, si alguna vez ganaste dinero invirtiendo sabiamente, es probable que tu cerebro haya creado una asociación positiva entre invertir y el éxito. De esta forma, cada vez que pienses en invertir, tu mente activará esas emociones positivas, dándote más confianza para seguir haciéndolo.

Lo más interesante de todo esto es que las neuroasociaciones no son permanentes. Al igual que cualquier otra conexión en tu cerebro, pueden ser modificadas. De hecho, puedes crear nuevas asociaciones que te impulsen hacia el éxito financiero, reemplazando las antiguas conexiones negativas que te han estado frenando.

Entonces, ¿**cómo se crean estas neuroasociaciones?** Todo comienza con la repetición y la intensidad emocional. Cuanto más repites una experiencia, especialmente si está asociada con emociones intensas (ya sean positivas o negativas), más fuerte se vuelve la conexión mental en tu cerebro. Es por eso que eventos traumáticos o experiencias altamente emotivas tienden a tener un impacto duradero en nuestras vidas. Nuestro cerebro los asocia con ciertas emociones y, cada vez que recordamos o enfrentamos algo similar, esas emociones se activan nuevamente.

Por lo tanto, para cambiar tus neuroasociaciones, **necesitas identificar las conexiones actuales que te están limitando y crear nuevas experiencias positivas que las reemplacen.** Esto no significa ignorar los fracasos pasados o fingir que no sucedieron. ¡Para nada! Aprendiste de ellos y eso te hizo crecer. Se trata de reformular cómo percibes esas experiencias y reemplazar las respuestas emocionales negativas con emociones más positivas.

Por ejemplo, si tienes una neuroasociación negativa con ahorrar dinero porque en el pasado lo intentaste y te sentiste frustrado por no ver resultados inmediatos, puedes empezar a crear una nueva asociación positiva. Cada vez que ahorres una pequeña cantidad, puedes celebrarlo de alguna manera, ya sea reconociendo tu esfuerzo con una pequeña recompensa o simplemente registrando tu progreso en un diario, reforzando el sentimiento de éxito.

La clave aquí es reprogramar tu cerebro para que responda de manera positiva a los hábitos financieros saludables. Cuanto más lo hagas, más fácil te resultará actuar de acuerdo con tus nuevos objetivos.

Ejercicio práctico
Reprogramando tus Neuroasociaciones

Este ejercicio te ayudará a identificar tus neuroasociaciones actuales y a reprogramarlas para que trabajen a tu favor, en lugar de en tu contra.

1. Identifica tus neuroasociaciones negativas

Toma un cuaderno y haz una lista de las situaciones o comportamientos financieros que te generan emociones negativas.

Pregúntate:
- ¿Qué siento cuando pienso en ahorrar, hacer un presupuesto o manejar mi dinero?
- ¿Hay alguna experiencia pasada que haya generado miedo, frustración o ansiedad?
- ¿Qué emociones asocio con temas como "dinero", "deuda", "presupuesto" o "ahorro"?

Es importante ser lo más honesto posible. No importa si las emociones te parecen irracionales; lo que importa es que identifiques las conexiones que tu cerebro ha creado.

2. Reformular la experiencia

Para cada neuroasociación negativa que hayas identificado, toma un momento para reflexionar y pregúntate:

- ¿Es justo que esta emoción domine mi comportamiento actual?
- ¿Hay algo que pueda aprender de esa experiencia pasada para no repetirla?
- ¿Cómo puedo ver esta situación desde una nueva perspectiva?

Por ejemplo, si tuviste problemas para mantener un presupuesto en el pasado y ahora te resulta difícil empezar, reformula esa experiencia como una oportunidad de aprendizaje que te ha enseñado qué errores evitar, en lugar de una señal de que no deberías intentarlo de nuevo.

3. Crea una nueva neuroasociación positiva

Elige una acción financiera que actualmente te genere una emoción negativa (como ahorrar o manejar un presupuesto) y comprométete a crear una nueva asociación positiva.

Por ejemplo:
- Si ahorrar te causa frustración porque sientes que no es suficiente, empieza a asociar el acto de ahorrar con el

progreso, por pequeño que sea. Cada vez que ahorres, anótalo y reconoce el esfuerzo que has hecho.

- Si crear un presupuesto te causa ansiedad, comienza con un presupuesto sencillo que sea fácil de seguir y felicítate por comprometerte con él. La clave aquí es recompensarte mentalmente por cada pequeño éxito, para que tu cerebro comience a asociar esa acción con una emoción positiva.

4. Repite el proceso

La repetición es crucial para reprogramar tus neuroasociaciones. Cada vez que tomes una acción financiera (como ahorrar, crear o ajustar tu presupuesto, o reducir gastos innecesarios), concéntrate en reforzar la emoción positiva que quieres asociar con esa acción. Haz un seguimiento de tu progreso en un diario, celebra tus logros y, sobre todo, sé consistente. Con el tiempo, tu cerebro comenzará a reemplazar las asociaciones negativas por positivas, y notarás cómo se vuelve más fácil tomar decisiones financieras sin la carga emocional negativa.

5. Asocia lo positivo con un objetivo más grande

Visualiza cómo esas pequeñas acciones te están acercando a tus metas financieras más grandes. Por ejemplo, cada vez que ahorres, imagina que estás un paso más cerca de salir de deudas, de tener un fondo de emergencia sólido o de alcanzar la libertad financiera que deseas. Al vincular esas acciones con un objetivo a largo plazo, estarás creando una asociación emocional positiva aún más fuerte.

Reflexión final: ¿Te das cuenta de las conexiones entre cada sección de este capítulo? ¿Cómo nuestro Sistema de Activación Reticular (S.A.R.) se entrelaza con nuestra autoimagen, nuestras creencias y neuroasociaciones? Todo lo que sucede en nuestra mente está interconectado, y, lo más importante, puede ser modificado de una manera poderosa.

Aunque este libro se titula "*Cambia tus hábitos, cambia tus finanzas*", decidí dedicarle más tiempo y espacio al Capítulo 1, porque si comprendemos que **lo que creemos ser no es una verdad absoluta y que podemos reescribirnos y transformarnos a voluntad**, entonces tendremos el poder de moldear nuestro futuro. No en nuestras manos, sino en nuestra mente.

Ahora que hemos entendido esta base fundamental, es momento de adentrarnos en los capítulos que dan nombre a esta obra.

CAPÍTULO 2

TUS HÁBITOS

"No hay nada que no puedas lograr, si tienes los hábitos correctos"

Charles Duhigg

Los hábitos... parece que últimamente todo el mundo habla de ellos, pero muy pocos los cambian de verdad. Honestamente, nunca se me habría ocurrido escribir este libro si no hubiera encontrado la manera de **reemplazar mis propios hábitos destructivos por otros nuevos,** y con ello empezar a convertirme en la persona que quiero ser. Y no me malinterpretes, aún no estoy donde quiero estar, ni soy lo que quiero ser. Pero sé que puedo modificarme a voluntad, y eso tiene un valor incalculable. Ahora, quiero transmitirte ese conocimiento que he adquirido a lo largo de los años para que tú también puedas lograrlo. Pero para eso necesitamos entender bien de qué estamos hablando.

¿QUE SON LOS HÁBITOS?

Para empezar, los hábitos son simplemente acciones que **repetimos de manera automática.** Son comportamientos que, con el tiempo, se han convertido en parte de nuestra rutina diaria, hasta el punto en que ya no necesitamos pensar conscientemente en ellos. Nuestro cerebro adora los hábitos porque **le permiten ahorrar energía y enfocarse en decisiones más importantes.** De hecho, estudios han demostrado que gran parte de lo que hacemos cada día está gobernado por hábitos, desde lo que comemos en el desayuno hasta cómo manejamos nuestro dinero.

Esto significa que nuestras vidas **no están determinadas por nuestras decisiones momentáneas,** sino por nuestros hábitos diarios. Si tus hábitos son destructivos, como el gasto impulsivo, la procrastinación o una mala alimentación, imagina el destino al que te están conduciendo sin que siquiera te des cuenta. Es como viajar en un tren que, aunque no parezca moverse rápido, poco a poco te está llevando en la dirección equivocada. Sin embargo, lo opuesto también es cierto: **los hábitos correctos tienen el poder de transformar por completo tu vida.**

Los hábitos positivos y constructivos actúan como pequeñas acciones automáticas que, con el tiempo, generan grandes resultados. Piensa en esto: cada vez que decides ahorrar en lugar de gastar en algo innecesario, estás construyendo una base sólida para tu estabilidad financiera. Cada vez que te comprometes a aprender algo nuevo o a ejercitarte regularmente, estás invirtiendo en tu bienestar a largo plazo.

Imagina, por ejemplo, que comienzas a destinar un porcentaje de tus ingresos a un fondo de inversión cada mes, sin importar qué tan pequeño sea el monto. Al principio, parecerá insignificante, pero con el tiempo, y gracias al poder del interés compuesto, este hábito te llevará a la independencia financiera. O imagina que empiezas a dedicar 30 minutos diarios a la lectura de libros sobre crecimiento personal. A corto plazo, no notarás grandes cambios, pero a largo plazo, estarás moldeando una mentalidad más fuerte, más sabia y preparada para los desafíos.

Al igual que con estos ejemplos, los hábitos correctos no son inmediatos ni espectaculares, pero su impacto acumulativo es gigantesco. La clave aquí es comprender que no somos prisioneros de nuestros hábitos actuales. Así como los formamos, también podemos cambiarlos. Al adoptar hábitos correctos, transformamos la dirección en la que nuestra vida se mueve. Cada hábito positivo, por pequeño que parezca, es una inversión a futuro. Y si bien los cambios pueden ser imperceptibles al principio, con el tiempo, los resultados serán evidentes.

El impacto de los hábitos correctos no se limita solo a una mejor gestión del tiempo o del dinero. También afecta cómo nos sentimos con nosotros mismos, nuestra confianza y nuestra capacidad de enfrentar la vida con una mentalidad más resiliente y optimista. Los hábitos son el camino para convertirte en la persona que deseas ser. Y la buena noticia es que **todo esto está bajo tu control**.

En resumen, si queremos cambiar nuestras vidas, necesitamos comenzar por cambiar nuestros hábitos. Lo que haces a diario define quién eres y quién serás mañana.

Adoptar los hábitos correctos puede parecer difícil al principio, pero una vez que los integras en tu vida, ellos harán el trabajo pesado por ti.

¿CÓMO SE FORMAN LOS HÁBITOS?

Los hábitos no aparecen de la nada; se construyen en nuestra mente mediante un ciclo repetitivo que el cerebro adopta para ahorrar energía y brindarnos algún tipo de satisfacción. Este ciclo, también conocido como el "bucle del hábito", tiene tres componentes clave:

1. La señal: La señal es el detonante, eso que activa el comportamiento automático. Puede ser un sentimiento, como el aburrimiento o la ansiedad; una situación, como estar en el trabajo o en casa; o incluso un momento específico del día. Es el "algo" que le dice a nuestro cerebro: "Es momento de iniciar la rutina".

2. La rutina: La rutina es la acción que realizamos de manera casi inconsciente. Puede ser algo tan simple como revisar el teléfono al sentirte aburrido, comprar un snack cuando pasas cerca de una tienda o gastar dinero en cosas que no necesitas cuando el estrés te supera. Lo importante es que, en este punto, no se trata de una decisión, sino de un impulso que te lleva a actuar sin pensar.

3. La recompensa: Finalmente, la recompensa es la gratificación que el cerebro obtiene como resultado de la rutina. Esta puede ser una sensación de alivio, satisfacción o incluso placer momentáneo. Es el "premio" que el cerebro recibe y que refuerza el ciclo, asegurándose de que la próxima vez que sienta la misma señal, responderá de la misma manera.

Este ciclo —señal, rutina y recompensa— se repite una y otra vez, y con el tiempo, el hábito se instala de tal manera que rompe con la lógica y los buenos propósitos. De esta manera, nos encontramos atrapados en comportamientos que sabemos que no nos llevan a ninguna parte, pero que parecen imposibles de cambiar.

Y aquí está el verdadero desafío: aunque tengamos buenas intenciones, romper un hábito es desafiante porque el cerebro está cómodo con lo que ya conoce. Cada vez que cedemos a la rutina, el cerebro "aprueba" ese comportamiento, creando una especie de atajo mental que sigue usando en futuras ocasiones. Por eso, muchas personas se sienten frustradas: saben que ciertos hábitos no los están llevando donde quieren, pero se encuentran repitiéndolos una y otra vez.

Sin embargo, no hubiera escrito el libro si no hubieran buenas noticias: Cuando comprendemos cómo funciona este ciclo, podemos hackearlo, identificando las señales que disparan los malos hábitos y reemplazando las rutinas destructivas con acciones que realmente nos beneficien.

Cambiar hábitos no se trata de fuerza de voluntad, sino de redirigir estos mismos ciclos hacia resultados positivos que, con el tiempo, nos impulsen hacia nuestras metas.

CAMBIANDO HÁBITOS

Cambiar un hábito no es fácil, pero tampoco es imposible. De hecho, **la capacidad de cambiar nuestros hábitos es una de las habilidades más poderosas que podemos desarrollar.**

Todo comienza con la conciencia: debes identificar cuáles son tus hábitos actuales y cómo te están afectando. Como ya lo hemos visto, nuestros hábitos operan en piloto automático, y nos encontramos haciendo las mismas cosas día tras día sin cuestionarnos si son realmente beneficiosas. Por eso, debemos tomarnos un momento para analizar cada uno de ellos y reflexionar sobre su efecto en nuestras vidas. De esta manera, podremos empezar a desentrañar estos patrones y trabajar en su modificación.

La importancia de analizar y modificar nuestros hábitos es inmensurable. Para ilustrarlo, pensemos en figuras célebres que han transformado sus vidas al cambiar sus hábitos. Por ejemplo, **Tony Robbins**, el famoso autor y orador motivacional, quien atribuye gran parte de su éxito a la práctica diaria de hábitos de gratitud y visualización. Comenzó cada día escribiendo tres cosas por las que estaba agradecido y visualizando sus metas. Este pequeño hábito, repetido consistentemente, le permitió cambiar su mentalidad

(¿recuerdas el S.A.R.?) y alcanzar un nivel de éxito que alguna vez consideró inalcanzable.

Otro ejemplo inspirador es **Oprah Winfrey**, quien comparte abiertamente cómo sus hábitos de lectura y reflexión diaria han sido fundamentales para su crecimiento personal y profesional. Desde su juventud, Oprah ha dedicado tiempo a la lectura y a la introspección, lo que le ha permitido tomar decisiones más informadas y desarrollar una mentalidad positiva que ha influido en su vida y en su carrera. Estas historias destacan que cambiar un hábito puede ser la chispa que enciende un cambio significativo en nuestras vidas.

Así que, aquí te dejo una fórmula simple pero efectiva para cambiar cualquier hábito:

1. Identifica la señal: El primer paso es reconocer qué está desencadenando tu hábito. Pregúntate: **¿Qué situación o sentimiento me lleva a esa acción automática?** Por ejemplo, si el estrés te lleva a gastar dinero de más, el estrés es tu señal. Llevar un diario puede ser útil aquí; anota cada vez que actúes en automático. Esto te ayudará a ser más consciente de tus desencadenantes. Un enfoque similar lo utilizó **James Clear**, autor del bestseller *Atomic Habits*, quien sugiere que la identificación de las señales es clave para transformar nuestros hábitos.

2. Cambia la rutina: Una vez que hayas identificado la señal, el siguiente paso es cambiar la rutina. En lugar de seguir la misma conducta que te lleva a un resultado no deseado, busca reemplazarla por una que sea más beneficiosa. Si el estrés te lleva a gastar, podrías optar por una rutina que te relaje y que no implique gastos, como caminar, leer un buen libro, practicar yoga o meditar. **Michael Phelps**, el nadador olímpico más condecorado de todos los tiempos, es un ejemplo perfecto de cómo el cambio de rutina puede llevar a la excelencia. Desde joven, Phelps adoptó una rutina de entrenamiento rigurosa y hábitos alimenticios que lo llevaron a alcanzar sus metas en la natación. Al reemplazar el tiempo que podría haber pasado en actividades improductivas, creó una rutina que lo impulsó hacia el éxito.

3. Busca una recompensa diferente: El cerebro siempre busca una recompensa, y este es el núcleo del cambio de hábitos. Encuentra una recompensa alternativa que sea igual de satisfactoria. Si sientes alivio al gastar, busca sentir ese alivio al hacer algo que no te cueste dinero, como salir a caminar al aire libre o disfrutar de una actividad que te apasione. Reemplazar la recompensa es crucial, ya que el cerebro está diseñado para buscar gratificación inmediata. Recuerda la historia de **Warren Buffett**, el inversor más famoso del mundo, quien atribuye gran parte de su éxito a su habilidad para esperar y buscar recompensas a largo plazo. Su enfoque de inversión y la paciencia que ha cultivado a lo largo de su vida son ejemplos de cómo una recompensa diferente puede llevar al éxito.

Cambiar un hábito lleva tiempo. Los estudios sugieren que se necesitan al menos **21 días de repetición** para formar un nuevo hábito, aunque el proceso completo puede variar dependiendo de la persona y del hábito en cuestión. Lo importante es no rendirse si no ves resultados inmediatos. Como todo en la vida, cambiar hábitos requiere **paciencia y consistencia.**

Al igual que tenemos hábitos que nos impulsan hacia el éxito, también existen hábitos que nos frenan, y es fundamental identificarlos y reemplazarlos por otros que nos acerquen a nuestros objetivos financieros. Ahora veamos algunos de los hábitos nocivos más comunes y con cuales pueden ser sustituidos:

Gastar de manera impulsiva

Uno de los hábitos más destructivos para tus finanzas es el gasto impulsivo. Comprar sin pensar o sin planificar puede parecer inofensivo en el momento, pero a la larga, esos pequeños gastos innecesarios aquí y allá se acumulan, alejándote de la libertad financiera.

Sustitúyelo por:
Planificar tus compras: Antes de salir de casa o hacer compras en línea, crea una lista de lo que necesitas y ajústate a ella. Este simple hábito te ayudará a evitar compras innecesarias.

Ejercicio práctico: Lleva un registro de todos tus gastos durante un mes. Cada vez que compres algo, anótalo. Al final del mes, revisa cuánto gastaste en compras no planificadas y reflexiona sobre cómo podrías haber evitado esos gastos.

Vivir al día sin ahorrar

Vivir sin un plan de ahorro es una de las trampas más comunes. Si no tienes un fondo de emergencias o no estás ahorrando para el futuro, cualquier inconveniente inesperado puede poner tus finanzas en jaque.

Sustitúyelo por:
Crear un plan de ahorro automático: Establece un porcentaje fijo de tus ingresos que se transfiera automáticamente a una cuenta de ahorros cada mes, sin importar qué.

Ejercicio práctico: Define una meta de ahorro mensual que sea realista. Aunque sea solo un 1% o 5% de tu ingreso, lo importante es que empieces. Usa aplicaciones bancarias o financieras para hacer transferencias automáticas y revisa tu progreso mes a mes.

Usar tarjetas de crédito sin control

Muchas personas se endeudan porque usan las tarjetas de crédito como una extensión de sus ingresos. Sin un control adecuado, las deudas pueden acumularse rápidamente y volverse una carga difícil de eliminar.

Sustitúyelo por:

Pagar en efectivo o débito: Si tienes dificultades para controlar tus gastos con tarjetas de crédito, cambia a pagos en efectivo o con tarjeta de débito. Esto te ayudará a tener un mayor control sobre lo que gastas.

Ejercicio práctico: Durante 30 días, evita usar tarjetas de crédito. Lleva un registro de cuánto gastas con efectivo o débito y compara tus hábitos de consumo con los meses anteriores. ¿Estás gastando menos? ¿Tienes más control?

Posponer la planificación financiera

La procrastinación financiera es otro hábito que puede perjudicar tu estabilidad. Evitar hacer presupuestos, no revisar tus finanzas o posponer la toma de decisiones importantes puede generar más problemas en el futuro.

Sustitúyelo por:
Establecer revisiones mensuales de tus finanzas: Reserva un día cada mes para revisar tu presupuesto, tus ahorros y tus inversiones. La consistencia es clave para mantener el control.

Ejercicio práctico: Crea un calendario financiero donde marques una fecha mensual para revisar tus cuentas, establecer metas y evaluar tu progreso. Al final de cada revisión, anota al menos un pequeño objetivo para mejorar tus finanzas el próximo mes.

Cambiar tus hábitos puede ser la llave para desbloquear una nueva realidad financiera. No subestimes el poder de un pequeño cambio en tu rutina diaria. Historias como las de Tony Robbins, Oprah Winfrey y Warren Buffett nos enseñan que el simple acto de identificar y transformar nuestros hábitos puede abrir puertas que antes parecían cerradas. No es un proceso fácil ni rápido, pero cada pequeño paso que tomes hacia la construcción de hábitos financieros saludables te acercará más a la libertad financiera que deseas.

El verdadero poder radica en tu capacidad para reconocer tus hábitos actuales, tomar control de ellos y reemplazarlos por otros que te acerquen a tus metas. **Recuerda que el cambio no solo es posible; es una opción que tienes al alcance de la mano.**

En el próximo capítulo, profundizaremos en la construcción de una mentalidad financiera sólida que respalde esos cambios. La conexión entre hábitos y mentalidad financiera es crucial: cuando alineas tus pensamientos con tus acciones, creas una base poderosa para alcanzar la libertad financiera que tanto anhelas.

CAPÍTULO 3

TUS FINANZAS

"Cuando te ves obligado a pensar, se expande tu capacidad mental. Y al expandir tu capacidad mental, aumenta tu riqueza"

Robert Kiyosaki

Hasta ahora, hemos trabajado en algo fundamental: tu mente y tus hábitos. En los capítulos anteriores, exploramos cómo tus creencias y pensamientos han moldeado tu realidad financiera hasta este punto en tu vida y aprendimos a reprogramarlos para que trabajen a tu favor. También vimos la importancia de los hábitos y cómo un pequeño cambio en tu rutina diaria puede tener un impacto enorme a largo plazo.

Ahora que has comenzado a tomar control de tu mente y tus comportamientos, estás listo para dar el siguiente paso: **tomar el control de tus finanzas**. Este momento es crucial porque el cambio mental es una pieza clave del rompecabezas, pero por sí solo no te llevará a donde quieres estar. **Necesitas respaldar esa transformación interna con acciones concretas y decisiones informadas.**

Este capítulo es el punto de partida para aplicar esos cambios mentales y convertirlos en decisiones financieras reales. Aquí veremos conceptos y ejercicios básicos para gestionar tu dinero de manera efectiva, lo que no solo es fundamental para alcanzar tus metas financieras, sino que también te dará una mayor tranquilidad mental. La manera en que manejas tus finanzas puede afectar directamente tu calidad de vida y tu bienestar emocional.

Por ejemplo, Warren Buffett es conocido no solo por su éxito como inversor, sino también por su enfoque disciplinado hacia el dinero. Buffett ha mencionado en múltiples ocasiones que su filosofía se basa en la paciencia y en la toma de decisiones financieras informadas. Su vida es un testimonio del poder de los hábitos financieros positivos, que se traducen en un crecimiento exponencial de su riqueza a lo largo de los años. La clave no es solo invertir, sino hacerlo con una mentalidad clara y bien fundamentada.

En este capítulo, te guiaré a través de las herramientas y estrategias necesarias para sentar las bases de una vida financiera estable. Hablaremos sobre cómo crear y mantener un presupuesto, la importancia del ahorro y cómo comenzar a invertir de manera inteligente. Al seguir estos ejercicios y recomendaciones, comenzarás a notar una diferencia tangible en tu bolsillo y en tu capacidad para tomar decisiones financieras inteligentes. Además, te darás cuenta de que la gestión de tus finanzas no es solo una tarea numérica; es un reflejo de tus valores y de la vida que deseas construir.

Este no es solo un manual de finanzas; es un camino hacia el empoderamiento. Al final de este capítulo, no solo tendrás las herramientas necesarias para manejar tu dinero, sino que también habrás desarrollado la confianza y la mentalidad adecuadas para seguir avanzando hacia la libertad financiera que anhelas.

❖

¿DÓNDE ESTÁS PARADO?

"Lo que no se define no se puede medir. Lo que no se mide, no se puede mejorar. Lo que no se mejora, se degrada siempre"

William Thomson Kelvin

Lo cierto es que Lord Kelvin probablemente no se refería específicamente al mundo de las finanzas personales, pero su afirmación es un principio que se aplica con toda su fuerza en este ámbito. Para lograr mejoras significativas en cualquier aspecto de tu vida, incluidas tus finanzas, primero debes saber dónde te encuentras. Así como un explorador necesita un mapa antes de aventurarse en territorio desconocido, tú necesitas un diagnóstico claro de tu situación financiera para iniciar el camino hacia la estabilidad y el crecimiento.

El primer paso para tomar el control de tus finanzas es analizar tu situación actual con honestidad y sin juicios. Si bien este proceso puede ser doloroso, te recomiendo hacer tu mayor esfuerzo para realizarlo de esa manera. Tal vez sientas que tus finanzas están en desorden o quizás creas que podrías estar manejándolas de manera más efectiva. No importa cómo te sientas en este momento; lo fundamental es que, a partir de ahora, tienes la oportunidad de construir una nueva realidad financiera. La autoevaluación es una herramienta poderosa. Te permite ver no solo dónde has estado, sino también hacia dónde deseas ir.

Conoce tu situación financiera.

Conocer tu situación financiera es como tener una brújula en medio de un bosque; sin ella, es fácil perderse. La autoevaluación te brinda la oportunidad de identificar patrones en tu comportamiento financiero, reconocer tus fortalezas y debilidades, y establecer un punto de partida claro.

Imagina que has estado corriendo en círculos, gastando sin un rumbo claro. Sin un diagnóstico honesto, seguirás en ese ciclo. Por otro lado, al recopilar y revisar tus datos financieros, te darás cuenta de que esos pequeños gastos diarios, que parecen inofensivos, se suman y afectan tu capacidad para ahorrar e invertir. **Esta toma de conciencia es liberadora; es el primer paso hacia la acción.** En mi canal de YouTube, tengo un video donde hablo de gastos innecesarios que te recomiendo ver (guiño, guiño).

Un ejemplo claro de cómo la autoevaluación puede transformar vidas es el de **Dave Ramsey**, un experto en finanzas personales que, después de enfrentarse a una crisis financiera, decidió hacer un inventario total de sus deudas y gastos. A partir de ahí, estableció un plan para salir de deudas y mejorar su situación financiera, convirtiéndose en un referente en el mundo de la educación financiera. Su historia demuestra que, aunque la situación pueda parecer abrumadora, dar el primer paso hacia la claridad es crucial para el cambio.

Además, es importante recordar que **no estás solo en este camino**. Muchas personas han estado en la misma posición y han logrado transformar sus vidas financieras a través de la autoevaluación. Ya sea que estés buscando salir de deudas, ahorrar para un objetivo específico o simplemente vivir más cómodamente, establecer un diagnóstico claro es fundamental. Esto te permitirá no solo entender tu situación actual, sino también establecer metas realistas y alcanzables a corto y largo plazo.

Ahora que hemos establecido la importancia de conocer tu situación financiera, es momento de poner manos a la obra. Vamos a realizar un ejercicio práctico que te ayudará a tener una visión más clara de tus finanzas actuales.

Ejercicio práctico
Diagnóstico financiero

Reúne toda la información: Antes de empezar, es crucial que tengas una visión clara de tus ingresos, gastos, deudas y ahorros. Esto significa buscar tus estados de cuenta bancarios, facturas, recibos y cualquier documento que refleje cómo estás manejando tu dinero actualmente. Al reunir esta información, estarás creando una base sólida sobre la cual construir.

1. Categoriza tus gastos

Una vez que tengas todos tus datos, es hora de clasificarlos. Divide tus gastos en tres categorías:

- **Gastos básicos:** Estos son los costos esenciales que necesitas cubrir para tu vida diaria, como el alquiler o la hipoteca, comida, transporte y servicios públicos. Esta categoría representa tus necesidades fundamentales.

- **Deudas:** Incluye todo lo que debes, desde tarjetas de crédito hasta préstamos personales, e incluso deudas con amigos o familiares. Entender la magnitud de tus deudas es crucial para tu plan de acción.

- **Estilo de vida:** Aquí van los gastos que no son estrictamente necesarios, como entretenimiento, restaurantes y compras de ropa. Aunque estas compras pueden brindarte satisfacción inmediata, es importante analizarlas con cuidado.

2. Haz una tabla de ingresos y gastos

En una hoja de cálculo o en un cuaderno, organiza todos tus ingresos y gastos mensuales. La idea es que puedas visualizar claramente cuánto dinero entra y cuánto sale cada mes. Este ejercicio no solo te proporcionará claridad, sino que también te permitirá identificar patrones y áreas de mejora en tus hábitos de gasto.

3. Calcula tu saldo

Una vez que tengas tus ingresos y gastos organizados, resta tus gastos de tus ingresos. Este número es fundamental; te dirá si estás viviendo dentro de tus posibilidades o si estás gastando más de lo que generas. Si el saldo es negativo, este es el momento de hacer ajustes. En cambio, si es positivo, ¡felicidades! Ese sobrante puede ser el punto de partida para tu fondo de ahorro o inversión.

Al establecer tu punto de partida financiero, estás sentando las bases para una gestión consciente y efectiva de tu dinero. Esta autoevaluación no solo es el primer paso hacia la mejora, sino que también es el precursor de una de las herramientas más poderosas en el mundo de las finanzas personales: el presupuesto. En la próxima sección, profundizaremos en la importancia del presupuesto y cómo puede ser tu aliado para alcanzar la libertad financiera que deseas. Al final del día, recuerda que conocer tu situación actual es el primer paso para transformar tus finanzas y diseñar el futuro que mereces.

CREA PRESUPUESTOS

El presupuesto es una de las herramientas más poderosas para controlar tus finanzas. Muchos lo ven como una restricción, pero en realidad es una manera de tomar el control. Un buen presupuesto no se trata de limitar lo que puedes hacer, sino de asegurarte de que estás gastando tu dinero de manera intencional, en lugar de que se te escape sin darte cuenta.

Tener un presupuesto sólido es esencial para lograr la estabilidad financiera. Imagina que tus finanzas son un barco navegando en un vasto océano. Sin un rumbo claro, el barco puede desviarse fácilmente y acabar en aguas turbulentas. Un presupuesto actúa como tu brújula, guiándote hacia tus metas financieras y ayudándote a evitar tormentas que puedan amenazar tu bienestar económico.

¿Por qué es crucial tener un presupuesto?

Control y claridad: Un presupuesto te proporciona una visión clara de tus ingresos y gastos. Al poner en números tus finanzas, puedes identificar fácilmente de dónde viene tu dinero y a dónde se va. Esto no solo te da control, sino que también te permite tomar decisiones informadas. En lugar de vivir al día, un presupuesto te permite anticiparte y planificar.

Identificación de prioridades: Con un presupuesto, puedes distinguir entre tus gastos esenciales y los que son prescindibles. Te ayuda a priorizar lo que realmente necesitas. Por ejemplo, podrías darte cuenta de que gastas demasiado en cenas fuera y podrías disfrutar de cocinar en casa, lo que no solo es más económico, sino también más saludable. Esta reflexión sobre tus hábitos de consumo te permite enfocar tus recursos en lo que realmente importa y evitar gastos innecesarios.

Fomento del ahorro: Incluir una categoría de ahorro en tu presupuesto es fundamental. Al tratar el ahorro como un gasto fijo, garantizas que una parte de tus ingresos se destine a construir un fondo de emergencia o a alcanzar tus metas financieras. Piensa en esto como si estuvieras "pagándote a ti mismo"; al hacerlo, te comprometes a establecer un futuro financiero más sólido. Con el tiempo, estos ahorros pueden crecer y convertirse en un colchón financiero que te proporcione tranquilidad.

Prevención del endeudamiento: Al tener una visión clara de tus finanzas, es menos probable que te endeudes. Puedes identificar posibles áreas de exceso y hacer ajustes antes de que se conviertan en problemas. Un presupuesto actúa como una barrera que protege tus finanzas de decisiones impulsivas. Por ejemplo, si ves que tus gastos de entretenimiento están demasiado altos, puedes decidir recortar en esa área para evitar caer en la tentación de utilizar una tarjeta de crédito.

Establecimiento de metas: Un buen presupuesto no solo te ayuda a gestionar tu dinero en el presente, sino que también te proporciona una plataforma para establecer y trabajar hacia tus metas futuras. Ya sea que quieras ahorrar para unas vacaciones soñadas, comprar una casa o crear un fondo de emergencia, un presupuesto bien diseñado te ayuda a asignar recursos de manera estratégica y trabajar de manera constante hacia esos objetivos. Establecer metas financieras concretas, como "ahorrar para un viaje en un año" o "acumular un fondo de emergencia de tres meses", te da una motivación constante y una razón para seguir tu presupuesto.

Adaptabilidad: Un presupuesto no es algo estático; es un documento vivo que debe adaptarse a tus circunstancias cambiantes. La vida está llena de imprevistos, y es importante ser flexible. Si un mes tus gastos son más altos debido a una emergencia, está bien. Lo importante es que puedas hacer los ajustes necesarios para seguir en el camino correcto. Revisa y ajusta tu presupuesto mensualmente, y no temas hacer cambios según sea necesario.

Educación financiera: Por último, crear y seguir un presupuesto te obliga a aprender sobre tus finanzas. A medida que te familiarices con tus ingresos y gastos, desarrollarás una mejor comprensión de conceptos financieros que pueden parecer confusos al principio, como el ahorro para la jubilación, la inversión y el manejo de deudas. Este conocimiento es invaluable, ya que te empodera para tomar decisiones más informadas y estratégicas en el futuro.

Ejercicio práctico
Crea tu presupuesto mensual

1. Establece un ingreso mensual promedio

Si tus ingresos son variables, usa un promedio basado en los últimos seis meses. Si tienes ingresos fijos, anótalos como tal.

2. Asigna un límite a cada categoría

Usando las categorías de gastos que creaste en el ejercicio anterior (básicos, deudas, estilo de vida), asigna un monto máximo que estás dispuesto a gastar en cada una. Sé realista, pero también riguroso. La clave del presupuesto es respetar estos límites.

3. Incluye el ahorro como un gasto más

Es fundamental que reserves una parte de tus ingresos para el ahorro. Piensa en ello como si fuera una "factura" que debes pagar cada mes, incluso si es solo el 5% o el 10% de tus ingresos. Lo importante es que el ahorro sea parte de tu rutina financiera.

4. Revisa y ajusta

Un presupuesto no es algo estático. Revisa tu presupuesto cada mes y ajusta si es necesario. Tal vez un mes gastes más en un área, pero menos en otra, y eso está bien siempre y cuando no sobrepases tu ingreso total.

Al establecer un presupuesto claro y realista, te prepares para abordar la siguiente gran tarea: **Eliminar deudas con estrategia.** Una vez que tengas tus finanzas organizadas, podrás identificar dónde necesitas centrarte para reducir las deudas que pueden estar afectando tu libertad financiera. Así, el presupuesto se convierte no solo en una herramienta de control, sino en el primer paso hacia una vida libre de deudas y llena de posibilidades.

ELIMINA DEUDAS CON ESTRATEGIA

Las deudas son uno de los mayores obstáculos para la libertad financiera. Si no se controlan, pueden crecer y convertirse en una carga que frena tu avance hacia tus objetivos económicos y personales. Vivir con deudas genera estrés, ansiedad y un ciclo interminable de pagos que limita tu capacidad de ahorrar, invertir y disfrutar del dinero que ganas. No obstante, no todas las deudas son iguales; algunas, como las hipotecas o préstamos estudiantiles, pueden ser útiles si se gestionan correctamente, mientras que otras, como las deudas de consumo con altas tasas de interés, pueden convertirse en trampas financieras.

Para muchos, la primera reacción ante la acumulación de deudas es desesperarse. Sin embargo, la clave está en enfrentarlas con una estrategia clara. El primer paso es reconocer tu situación y aceptar que tienes el control para revertirla. La buena noticia es que puedes eliminar las deudas con un plan estructurado, más allá de solo realizar pagos mínimos. Es crucial comprender cómo se originan, cómo clasificarlas y cómo atacarlas de manera efectiva para lograr tu bienestar financiero.

No estás solo en esta lucha. Muchas personas han superado situaciones similares y han transformado su vida financiera. Expertos como Dave Ramsey y Suze Orman han popularizado métodos que han ayudado a millones de personas a recuperar el control de sus finanzas, demostrando que con dedicación y una estrategia clara, es posible liberarse de las deudas y construir un futuro más sólido.

Estrategias para eliminar deudas

No existe una estrategia única que funcione para todos. Algunas personas prefieren resultados inmediatos, mientras que otras buscan maximizar sus ahorros a largo plazo. Personalizar tu plan de eliminación de deudas es clave. Antes de decidir cómo actuar, reflexiona sobre tus hábitos de gasto y tu relación con el dinero.

Educarte sobre tus opciones es fundamental. Desde negociar tasas de interés más bajas hasta considerar la consolidación de deudas, hay múltiples herramientas a tu disposición. Lo más importante es comprometerte de manera proactiva con la gestión de tus deudas.

Celebra tus logros. Establecer un sistema de recompensas a medida que eliminas tus deudas te ayudará a mantener la motivación. Cada pequeño paso cuenta, y celebrar tus avances hará que te sientas más empoderado para tomar decisiones financieras cada vez más saludables.

Ejercicio práctico
El plan de eliminación de deudas

1. Ordena tus deudas

Haz una lista de todas tus deudas, incluyendo la cantidad que debes, la tasa de interés y el pago mensual mínimo.

2. Elige una estrategia de pago

Hay dos métodos populares para pagar deudas:

- **Método avalancha:** Consiste en enfocarte primero en la deuda con la tasa de interés más alta, mientras pagas el mínimo en las demás. Este método te ahorra dinero en intereses a largo plazo.

- **Método bola de nieve:** En este método, te enfocas en pagar primero la deuda más pequeña, para obtener una victoria rápida que te motive a seguir. Cuando termines de pagar una deuda, usas el dinero que destinabas a ella para pagar la siguiente.

Elige el método que más te motive y aplícalo a tus deudas.

3. Haz pagos adicionales cuando puedas

Cada vez que recibas dinero extra, como un bono o un ingreso inesperado, úsalo para hacer pagos adicionales a tus deudas. Cada pago adicional, aunque sea pequeño, te ayudará a salir de deudas más rápido.

Al final de este proceso de eliminación de deudas, te encontrarás en un lugar más sólido desde el punto de vista financiero, listo para avanzar hacia la construcción de un futuro más seguro. Esto nos lleva a un paso crucial que no se debe pasar por alto: **Construir tu fondo de emergencia**. Al establecer una red de seguridad financiera, no solo protegerás tus finanzas, sino que también evitarás caer nuevamente en deudas ante cualquier eventualidad.

CONSTRUYE TU FONDO DE EMERGENCIAS

Uno de los mayores errores al tomar el control de tus finanzas es no tener un fondo de emergencia. Este fondo es crucial para protegerte de situaciones imprevistas, como una reparación costosa o la pérdida temporal de ingresos. Sin este respaldo, cualquier contratiempo podría convertirse en una crisis financiera.

Imagina que un día tu automóvil no arranca y el mecánico te informa que necesita una costosa reparación. Si no tienes un fondo de emergencia, es probable que recurras a una tarjeta de crédito, lo que podría llevarte a un ciclo de deudas y a la acumulación de intereses. En lugar de simplemente enfrentar un gasto inesperado, terminas cargando con un problema aún mayor.

Un fondo de emergencia actúa como un paracaídas, proporcionando una red de seguridad que te permite aterrizar suavemente cuando la vida presenta sorpresas. Al tener una reserva de dinero, puedes afrontar imprevistos con confianza y tomar decisiones más informadas y menos impulsivas. Además, no se trata solo de protegerte de problemas financieros; también te brinda tranquilidad mental. Saber que tienes un respaldo para situaciones de emergencia reduce el estrés y te permite concentrarte en tus objetivos sin miedo constante a lo inesperado. Esa tranquilidad es un activo invaluable que va más allá de lo económico.

A largo plazo, un fondo de emergencia evita que te desvíes de tus planes financieros. Sin él, cualquier contratiempo puede hacer que descuides metas importantes, como ahorrar para un viaje, invertir en tu educación o reunir el dinero para comprar una casa. Sin este respaldo, estas metas pueden parecer inalcanzables y generar frustración.

Por eso, es vital no solo comprender la importancia de construir un fondo de emergencia, sino comprometerse a crearlo. Define cuánto necesitas, abre una cuenta separada y haz aportaciones regulares, por pequeñas que sean. Con el tiempo, este hábito fortalecerá tu seguridad y te permitirá afrontar la vida con mayor estabilidad financiera.

Ejercicio práctico
Construyendo tu fondo de emergencia

1. Define cuánto necesitas

Un fondo de emergencia ideal debe cubrir entre 3 y 6 meses de tus gastos básicos. Calcula cuánto gastas al mes en necesidades esenciales (alquiler, comida, servicios) y multiplica esa cantidad por 3 o 6, dependiendo de lo que creas que te dará mayor seguridad.

2. Abre una cuenta separada

No mantengas tu fondo de emergencia en la misma cuenta que usas para tus gastos diarios. Abre una cuenta de ahorros separada, preferiblemente una que pague intereses, y destina ese dinero exclusivamente para emergencias.

3. Empieza con pequeñas aportaciones

Si no tienes mucho margen de ahorro, empieza con pequeñas cantidades. Lo importante es que empieces. A medida que tu situación financiera mejore, puedes aumentar las cantidades que destinas a tu fondo de emergencia.

En conclusión, **el control de tus finanzas empieza con pequeños pasos que, con el tiempo, construyen una base sólida para tu estabilidad económica.** Realiza un diagnóstico honesto de tu situación financiera actual y crea un presupuesto que te permita ser consciente de tus ingresos y gastos. Elimina tus deudas de manera estratégica y dedica un esfuerzo constante a construir un fondo de emergencia que te respalde frente a imprevistos.

Recuerda:
Lo más importante no es cuánto dinero tienes ahora, sino cómo lo gestionas. Aplicando estos conceptos, estarás un paso más cerca de alcanzar tu libertad financiera.

Cada uno de estos pasos representa un ladrillo en la construcción de un futuro más seguro y próspero. No te detengas. ¡Empieza hoy mismo a mejorar tu relación con el dinero! Con determinación, disciplina y consistencia, estarás preparado para enfrentar cualquier desafío que la vida te presente y podrás alcanzar tus metas financieras con confianza y tranquilidad.

CAPÍTULO 4

TODO DEPENDE DE TI

"Un triunfador es aquel que se levanta y busca las circunstancias que desea y si no las encuentra, las fabrica"

George Bernard Shaw

Llegaste hasta aquí, y eso, amigo mío, ya dice mucho de ti. No cualquiera toma la decisión de aprender y aplicar nuevas herramientas para mejorar su vida financiera. El simple hecho de haber leído este libro y reflexionado sobre tus creencias, hábitos y finanzas te ha puesto en un camino diferente. Tal vez no lo veas claramente ahora, pero con cada paso que des hacia tu libertad financiera, notarás cómo esos cambios que hoy parecen pequeños se irán multiplicando con el tiempo.

Recuerda que lo que has aprendido en estas páginas no es una solución mágica ni una fórmula rápida para volverte rico. Lo que tienes en tus manos es algo mucho más valioso: **el conocimiento y las herramientas** para tomar el control de tu vida financiera de manera realista y sostenible. La clave de todo esto está en **la acción constante.** Un libro no cambia tu vida; lo que cambia tu vida son las acciones que tomas después de haberlo leído.

Ahora sabes que todo comienza en tu mente. Las creencias limitantes y los hábitos destructivos no tienen por qué ser tu destino. Si llegaste hasta este punto, ya tienes las herramientas para cambiarlas y reprogramarte hacia el éxito. Has aprendido que, independientemente de tu situación actual, tienes el poder de transformarte y construir una nueva realidad basada en hábitos financieros sólidos y decisiones inteligentes.

EL PODER DE TUS DECISIONES

En todo este proceso, lo más importante no es cuán rápido avances, sino que no dejes de avanzar. No importa si comienzas con pequeños cambios; lo relevante es que sigas tomando decisiones que te acerquen a tu meta. A partir de ahora, cada vez que te enfrentes a una situación financiera, quiero que te hagas esta pregunta: ¿Esta decisión me acerca o me aleja de mi libertad financiera?

Esa simple pregunta puede convertirse en una brújula que te guíe en el camino correcto. Cada elección, por pequeña que sea, tiene un impacto acumulativo. Decisiones como ahorrar un pequeño porcentaje de tus ingresos, invertir de manera consciente, evitar deudas innecesarias o aprender sobre nuevas formas de generar ingresos, todas cuentan. Son esos pasos constantes los que te llevarán a donde quieres estar.

NO ESTÁS SOLO EN ESTE CAMINO

Tal vez te sientas solo en este proceso de cambio, especialmente si quienes te rodean no comparten tu deseo de mejorar financieramente. Pero quiero recordarte que nunca estás realmente solo. Hay miles de personas que, al igual que tú, están en este mismo viaje de transformación. Puedes encontrar apoyo, inspiración y conocimientos en otras personas que comparten tus objetivos. Ya sea a través de libros, comunidades en línea o conversaciones con personas que también buscan mejorar sus finanzas, nunca subestimes el poder de rodearte de una red de apoyo que impulse tu crecimiento.

Y aquí es donde entra algo fundamental: **la educación continua**. Este libro es solo el comienzo. El mundo de las finanzas es vasto y siempre hay algo nuevo por aprender. Así que mi consejo final es que nunca dejes de aprender. Sigue buscando información, leyendo, escuchando a quienes han logrado lo que tú deseas alcanzar, y aplicando lo que funcione para ti.

TU FUTURO ESTÁ EN TUS MANOS

Lo más increíble de todo este proceso es que **tú tienes el control**. Tú decides cómo será tu vida financiera de aquí en adelante. Puedes seguir el mismo camino que has recorrido hasta ahora, o puedes optar por uno nuevo, uno en el que tú eres el protagonista, no un espectador pasivo.

Si algo quiero que te lleves de este libro, es esto: **el cambio es posible**. No importa tu punto de partida, no importa cuán difícil parezca ahora tu situación, siempre tienes el poder de tomar decisiones que transformen tu vida. Las pequeñas acciones que tomes hoy son las que, con el tiempo, te llevarán a la libertad financiera que buscas.

Así que no te detengas. Sigue aprendiendo, sigue aplicando lo que has aprendido, y sobre todo, sigue creyendo en ti mismo. Porque el mayor obstáculo no es la falta de dinero o de oportunidades, sino la falta de acción y de confianza en tu propio potencial. Si confías en ti, si tomas las riendas de tu vida financiera, no hay nada que no puedas lograr.

Has dado un gran paso hoy, y estoy convencido de que este es solo el principio de una nueva etapa en tu vida. Sigue adelante, porque el éxito no es cuestión de suerte, sino de hábitos, decisiones y, sobre todo, perseverancia.

EPÍLOGO

Al llegar al final de este viaje hacia la transformación financiera, es natural reflexionar sobre lo que has aprendido y cómo has cambiado. Has tomado decisiones conscientes para reprogramar tu mente, cultivar hábitos positivos y aplicar estrategias efectivas en tu vida financiera. Ahora estás equipado con herramientas valiosas para navegar por el mundo del dinero con confianza y propósito.

Recuerda que **el cambio no ocurre de la noche a la mañana**. La verdadera transformación es un proceso continuo que requiere dedicación y compromiso. Cada pequeño paso que tomes te acercará más a tus objetivos, y cada desafío superado fortalecerá tu resiliencia. Las finanzas personales no son solo números; son una representación de tus valores, sueños y aspiraciones.

Imagina el futuro que deseas construir: una vida en la que el dinero no sea una fuente de estrés, sino un medio para alcanzar tus metas. Un futuro donde tengas la libertad de vivir según tus propias reglas, sin las cadenas de la deuda ni la incertidumbre financiera. Esa visión está al alcance de tu mano, pero depende de ti dar los pasos necesarios para hacerla realidad.

A medida que aplicas lo aprendido, ten presente que la clave está en la consistencia. Establece rutinas financieras saludables, mantén un enfoque en tus objetivos y celebra cada avance, por pequeño que sea. La gratitud y la reflexión son poderosas aliadas en este camino, así que tómate el tiempo para reconocer tus logros y aprender de tus fracasos.

Al finalizar este libro, te animo a seguir explorando y educándote en temas de finanzas personales. La educación financiera es un viaje interminable, y cada nuevo concepto que adquieras te brindará una perspectiva más amplia y te permitirá tomar decisiones más informadas.

Finalmente, nunca subestimes el poder de compartir tu conocimiento. Ayudar a otros a comprender sus finanzas puede ser una de las experiencias más gratificantes. La comunidad que construyas y las historias que compartas pueden inspirar a otros a tomar el control de sus vidas financieras.

Ahora es tu turno de tomar acción y convertir tus sueños financieros en realidad.

Gracias por acompañarme en este viaje.
El futuro es tuyo, ¡hazlo brillante!

Raúl Rocha

www.ingramcontent.com/pod-product-compliance
Lightning Source LLC
Chambersburg PA
CBHW052332220526
45472CB00001B/381